QUELLE PEUT ÊTRE LA GARANTIE

DE

LA RÉPUBLIQUE FRANÇAISE

DANS SES COLONIES DES ANTILLES?

QUELLE PEUT ÊTRE LA GARANTIE

DE

LA RÉPUBLIQUE FRANÇAISE

DANS SES COLONIES DES ANTILLES?

Minima de malis.
.PHÈDRE.

Sı Saint-Domingue n'eût éprouvé que les suites d'une guerre extérieure, que les effets d'une stagnation accidentelle, soit par quelqu'engorgement dans le commerce, soit par quelque fléau, comme ouragan, tremblement de terre, épidémie ou inondation ; si le commerce de France de son côté n'eût ressenti que le contrecoup d'un ou de plusieurs de ces fléaux, je dirais : *Une plaie est bientôt guérie, quand la constitution du corps n'est point attaquée* ; mais la constitution des Colonies, violée dès 1790, et successivement anéantie, n'existe plus. De la manie de tout assimiler naquit une multitude d'erreurs, toutes plus funestes les unes que les autres.

On a cru ne frapper que les personnes, et on

A 2

a détruit les choses ; population ; habitudes , cultures , intérêts civils , intérêts politiques , tout a
été confondu. On ignorait, ou on a feint d'ignorer
que c'était à l'existence de nos possessions dans
les deux Indes , que la France devait la place
qu'elle occupait parmi les puissances maritimes; que
c'était à nos isles à sucre que nos ports de mer
devaient cet état de splendeur , dont on a vu le
commerce si souvent s'énorgueillir. Croit-on que
des moyens ordinaires répareront des maux extra-
ordinaires.......?

Qu'on examine sans passion , sans prévention
la conduite qu'on a tenu à l'égard des Colonies ,
et on reconnaîtra qu'on a tout fait pour les perdre ;
on oublia trop que ces colons, qu'on a tant hu-
miliés , étaient français , et que leur sort était in-
séparable de celui de l'état et du commerce :
combien de fois ont-ils fait entendre ce cri de
l'expérience , *point de Colonies, point de commerce ; point de commerce , plus de marine*?

On connaît assez les malheurs de St.-Domingue,
et on me dispensera aujourd'hui de développer les
causes de sa dévastation ; je ne releverai pas non
plus toutes les erreurs qu'on a débitées à cet égard :
un gouvernement, ignorant ou perfide , nous en
a vainement présenté les résultats , comme autant

d'efforts de la philosophie. La sàgesse ne prend pas le masque d'une furie, et ne parcoure pas le monde le poignard et la torche à la main ; la vraie liberté n'est pas non plus la source et l'excuse de tous les crimes, et ne finit pas par engendrer le plus affreux de tous les vices, l'ingratitude. . . . .

En vain a-t-on aussi constamment rejetté sur les propriétaires des Colonies les oppositions de la nature. Quand les vents, la tempête submergent un vaisseau, accuse-t-on les infortunés que la mer engloutit ?.... Cette atrocité manquait à la persécution qu'ont éprouvée les habitans de Saint-Domingue.

Les hommes de bonne foi, ceux à qui les lumières ordinaires suffisent, et qui ne demandent pas à être éclairés par des incendies, gémiront d'avoir été si long-tems abusés ; quant aux autres, la prompte restauration des Colonies sera la critique de leur système, de leur conduite, et n'y ayant plus aucun intérêt, ils doivent sourdement s'y opposer de tous leurs moyens ; mais il n'est pas difficile de les distinguer.

Cependant il faut aux Colonies, une constitution dans laquelle la France puisse trouver *la garantie de la protection qu'elle leur doit*, une constitution qui remplisse *le but de leur institution*.

Les Colonies sont fondées pour enrichir de leurs productions le commerce, et augmenter la puissance de la nation qui les possède : ainsi donc, tout ce qui a pu nuire à leurs cultures, tout ce qui a pu diminuer la navigation que les Colonies entretenoient avec la France, a dû nuire à son commerce, et dans la même proportion affoiblir sa puissance maritime.

Les grandes navigations, dit Montesquieu, *font les grandes puissances :* ce principe incontestable fut foulé aux pieds, et tant d'autres furent violés à la fois, qu'on doit être étonné de l'attitude que la France a reprise en Europe, depuis le 18 brumaire.

Mais la politique, chassée des Colonies françaises, a laissé derrière elle, l'expérience et la raison en pleurs, ... étendues sur des ruines sans cesse ensanglantées, elles attendent le génie qui doit les relever.

Quelque soit la cause, ou le but de la résistance des noirs, quelques soient aujourd'hui les instigateurs secrets d'une conduite aussi outrageante pour la nation et le gouvernement français, cet évènement doit être un nouveau trait de lumière pour le législateur. Des bienfaits nationaux ne seront plus le prix du brigandage de ces révoltés, de leur mépris pour la souveraineté nationale, et le LÉGISLATEUR GUERRIER, qui a su faire respecter le nom français en Europe, saura aussi rendre à la France, sa place en Amérique.

L'ancienne position des Colonies, assez difficile à bien saisir, n'avait rien de comparable dans aucune partie du monde; depuis près de deux siècles, la politique y avait, pour l'intérêt de l'état, concilié les extrêmes; là liberté les fesait fleurir par l'esclavage : elles existaient; elles étaient paisibles par la seule force de l'opinion; et il est probable que les principes, sur lesquels reposait cette opinion trop peu connus, n'ont jamais été développés de manière à n'être point attaqués.

L'opinion sera toujours la vraie constitution d'un pays, et son empire dans les Colonies est si fort, qu'on voit aujourd'hui les Africains, malgré leur liberté, être encore plus esclaves sous la tyrannie de leurs semblables.

On se trompe donc, quand on considère la servitude des noirs, comme un préjugé; cette position comparée à la nôtre, est malheureuse sans doute; mais c'est toujours des maux choisir

A 4

les moindres, que d'arracher les noirs à l'esclavage honteux de leur pays ; c'est tromper la barbarie de ces souverains d'Afrique, pour qui l'égorgement de deux mille noirs, n'est qu'un léger hommage rendu à la mémoire de leurs ancêtres : au reste, ce qu'on ne peut changer, ni modifier, sans tout bouleverser, sans tout perdre, n'est point un préjugé.

La France a détruit dans son sein la noblesse, et les droits féodaux, cependant la France existe, et peut devenir plus florissante que jamais : il n'en est pas de même des Colonies ; on a voulu y supprimer toute espèce de servitude : les cultures aussitôt y ont été anéanties ; sûreté, liberté, propriété, droits nationaux, tout y a été violé, et Saint-Domingue allait être perdu pour la France, pour l'Europe entière : il a fallu conquérir cette Colonie sur des étrangers, sur ceux là même, pour qui on avait crû que la liberté pouvait être un bienfait ; et on n'a pas senti que *ce bienfait seul, devait détruire la garantie de la France, dans ses Colonies.*

» *Il y a*, dit Jean-Jacques Roûsseau, *telle* » *position malheureuse, où l'on ne peut con-* » *server sa liberté, qu'aux dépens de celle* » *d'autrui, où le citoyen ne peut être parfaitement*

» *libre, qu'autant que l'esclave est parfaite-*
» *ment esclave : telle était la position de*
» *Sparte.* »

Ce qu'il ajoute, est on ne peut plus applicable
à la situation aujourd'hui trop connue de Saint-
Domingue, à celle qui menacerait toutes les
Antilles.

» *Pour vous, dit-il, peuples modernes, vous*
» *n'avez plus d'esclaves, mais vous l'êtes ;*
» *vous payez leur liberté de la vôtre : et vous*
» *avez beau vanter cette préférence, j'y trouve*
» *plus de lâcheté que d'humanité.* »

On ne peut se dissimuler, même d'après les
rapports officiels de la conquête de cette Colonie,
que *la liberté des noirs* n'y ait véritablement
constitué *l'esclavage des blancs :* et que ce sont
ces blancs, sinon des Français,..... ? Je laisse
à tout homme pénétré de l'amour de son pays,
à tout homme attaché a l'honneur du nom français, le soin d'opter *entre la servitude des*
Africains, et l'esclavage des Français sur leur
propre territoire,...,..!!!

Et dans quel pays du monde avait-on jamais
vu les droits politiques exercés par la partie
étrangère, et la plus nombreuse de la population,

à l'exclusion des nationaux ? cette violation du premier principe de toutes les constitutions, de tous les gouvernemens, devait anéantir dans nos Colonies, toute sûreté pour les Français, toute garantie pour la métropole, enfin tout respect pour le gouvernement.

Quelqu'ait été l'incohérence des opinions de l'abbé Raynal, sur l'importance des Colonies, on ne peut s'empêcher de convenir qu'il est impossible d'imaginer une définition plus vraie, plus simple et plus claire que celle qu'il en a donnée. « *Une Colonie dans les Antilles*, dit-il, *est un » établissement de choses plutôt que de per- » sonnes.*

En effet, la politique seule pour la conservation des choses y avoit réglé l'état des personnes : deux siècles d'expérience et de succès avaient consacré dans ces Colonies *l'uniformité de leur régime intérieur*, malgré la différence des institutions et du génie des gouvernemens qui possèdent de ces sortes d'établissemens ; et si on eut voulu examiner les rapports qui existaient entre les personnes et les choses, on aurait remarqué que les personnes dans les Colonies étaient protégées pour le maintien des choses, plutôt que les choses pour l'avantage des personnes : tout se rapportait à l'intérêt du commerce; tout était combiné pour augmenter la puissance de l'état: il n'y avait, et il n'y aura jamais qu'un moyen d'assurer cet intérêt, cette puissance.

On ignore, sans doute, qu'une servitude quelconque est inhérente à la culture des denrées coloniales; que ce n'est pas le climat seul qui le veut; que c'est la fertilité des terres, et l'activité continuelle que commandent les cultures; que ce sont les manufactures et l'exploitation qui l'exigent; enfin, que si contre la volonté de la nature, la canne à sucre, l'indigo et le cafier, croissaient au fond de la Norwège, la Zône glaciale verroit aussi des esclaves.

Les Isles à sucre sont donc vraiment des établissemens de choses plutôt que de personnes, où tout est lié pour l'avantage de l'état, et du commerce.

Les Colonies ne pouvant se suffire à elle même, sont *crées pour dépendre:* elles ne peuvent être protégées qu'à la condition de l'esclavage: étaitil donc si étonnant qu'il y eut des hommes qui ne fussent pas libres dans des Colonies *essentiellement* esclaves? Elles n'ont ni amis, ni alliés; elles n'ont d'autres ennemis que ceux de leur métropole, et ne peuvent avoir aucunes relations politiques extérieures. Le but de leur institution sera toujours manqué, et elles cesseront d'être agricoles, sitôt qu'elles seront guerrières, sitôt que la population la plus nombreuse y sera armée, ou seulement y jouira des droits politiques.

La politique n'y admettra jamais aucune espèce de concurrence, *aucun intérêt civil* entre le blanc et le noir, entre les nationaux et les étrangers; l'exercice des droits politiques, et une protection exclusive pour les uns suffisent pour balancer le nombre des autres; il n'y a que ce moyen de rétablir la tranquillité intérieure des Colonies. *En déployant leurs forces, elles marcheront toujours à leur perte;* il ne faut donc pas qu'elles soient par elles-mêmes en état d'attaquer ni de se défendre, puisqu'elles doivent toujours être protégées. C'est dans la réunion de tous ces principes que la France trouvera sa garantie; enfin tout le secret de leur législation est dans ce dernier principe; c'est qu'elles *ne peuvent être riches et tranquilles, qu'autant qu'elles seront politiquement faibles.*

Allez donc asseoir la liberté civile sur de pareilles bases . . . . . ! ! !

» *Il ne faut pas,* dit Montesquieu, *suivre les*

» *dispositions générales du droit civil, lorsqu'il*
» *s'agit de choses qui doivent être soumises à*
» *des règles particulières , tirées de leur propre*
» *nature.*

La constitution de l'an 8 consacre implicite-
ment ce principe , en voulant que les *Colonies*
soient *régies par des loix particulières :* cette
disposition pouvait seule tirer le gouvernement
français du *cercle vicieux* que lui avait tracé la
constitution de l'an 3.

Les institutions que la révolution a détruites en
France , étaient les inventions de l'orgueil en
faveur du hazard; *leur effet était de distinguer
ce que la nature avait assimilé : l'intérêt de la
nation n'y était pour rien.*

Des principes tout opposés donnaient la vie ,
et l'existence aux Colonies : *l'intérêt national
seul y avait établi cette distinction que la nature
a mis entre le blanc et le noir ,* cette distinction qu'aucune puissance humaine ne saurait faire
disparaître.

Par la confusion qu'on a substituée à cet ordre
de choses, et que la perfidie ou l'ignorance prê-
tait à la philosophie , qu'à - t - on fait? *Ce vice*
qu'on avait cru chasser du territoire français ,

on l'a seulement changé de lieu ; *en assimilant dans les Colonies ce que la nature ne cessera jamais de distinguer* ; assimiler ce que la nature a distingué, ou distinguer ce que la nature a assimilé, n'est-ce pas absolument la même opération ? Et quel avantage a-t-on retiré d'avoir livré *à d'autres mains*, les intérêts et les droits de la nation...? Cette idée seule exigerait un volume........ Je m'arrête.

Lorsqu'un ordre de choses a rempli le but de son institution, les atteintes qu'on aurait pû lui porter ne sont pas des raisons pour le changer : il faut au contraire promptement le rétablir sur les mêmes bases.

L'affectation avec laquelle certaines personnes ont présenté les maux des Colonies comme irréparables, a exalté beaucoup de têtes, et allumé l'imagination même de ceux qui avaient quelques connaissance de ces contrées.

Delà tous ces projets d'innovation, qui occupent l'opinion publique, et la fatiguent sans l'éclairer. *Contentons-nous du bien ; le mieux est toujours près du mal.*

Les hommes d'état, chargés de l'organisation des Colonies trouveront ici une ample matière à leurs réflexions : jamais, sans doute, la législation coloniale ne fut plus difficile à établir : on détruit des forteresses, des villes, des empires ; mais on ne détruit point les influences du climat, l'opinion, les mœurs et les habitudes : Saint-Domingue a péri, mais les principes, qui l'avaient tiré du néant, percent aujourd'hui les ruines, sous lesquelles on avait cru pouvoir les ensevelir. Le triomphe de ces principes ne fera le tourment que de ceux qui, ne pouvant pas les combattre par des raisons, les ont poursuivis par le fer et par la flamme, *Nos Colonies enfin, ces temples élevés à la fortune maritime de la France, sont l'ouvrage de la politique.* Législateurs, consultez-la, et vous les aurez bientôt rétablies.

Celui qui trouverait quelque courage dans cet effort, en faveur des Colonies françaises, ignorerait donc qu'il suffit pour cela d'être français, et que la vertu sera toujours de mettre au premier rang les avantages de la patrie.

C H O T A R D, aîné,

De l'Imprimerie de COURCIER, rue Poupée, n°. 5.

[illegible]